관세음보살보문품

관세음보살보문품

한문 및 우리말 사경

혜조惠照 譯

운주사

머리말

사경寫經이란 우주법계에 충만한 부처님의 법신을 경전의 글자로 정성껏 형상화함으로써, 번뇌로 흐트러진 우리 마음을 맑게 가라앉히고 중생 내면의 본래 청정한 지혜를 개발해내는 훌륭한 수행방법입니다. 아울러 이는 우리 조상들의 찬란했던 문화유산이며 최상의 전통예술이기도 합니다. 예로부터 우리 조상들은 업장을 소멸하고 지혜를 향상시키는 중요한 공덕수행으로 사경수행을 통해 선업善業을 쌓았던 것입니다. 즉 몸과 마음을 깨끗이 가다듬어서 한 자 쓸 때마다 절하며 정성을 다해 참회하고, 경전의 가르침을 마음속 깊이 새기면서 불법이 널리 유통되기를 서원하였습니다.

따로 "관음경"이라 불리기도 하는 「관세음보살보문품」은 28품 『법화경』의 '제25품'에 해당합니다. 「관세음보살보문품」은 사찰에서 『법화경』 대신 널리 독송되어 왔는데, 『법화경』 전체를 독송하기에는 시간상으로나 보통 신심으로는 어려웠기 때문입니다. 또 일반 가정에서도 개인적으로 기도할 때 매일같이 「관세음보살보문품」을 독송하면 소원이 성취되었고, 예로부터 많은 영험담이 전해져 와서, 불자님들이 널리 애송하였던 것입니다.

석가모니부처님께서는 "중생에게 재난이 닥쳐 한량없는 고통이 엄습하더라도 관세음보살의 탁월한 지혜 힘이 능히 세간의 고통을 구제한다"고 말씀하셨습니다. 따라서 "관음보살의 이름을 듣거나 친견하여 마음으로 오로지 생각하고 잊지 않는다면 인생의 모든 고통을 없앨 수 있다"고 하십니다. 그래서 『한문 법화경』 사경책을 다 쓰기가 힘드신 분들을 위해, 불자님들에게 익히 잘 알려진 「관세음보살보문품」을 한문과 우리말로 각각 사경하고 독송할 수 있도록 출간하게 되었습니다.

옛기록에 의하면 『법화경』 전체를 1만 번에서 5만 번 이상 독송하신 분들이 많았습니다. 그러나 현대의 우리들은 신심이 부족한 탓인지, 근기 탓인지, 아니면 오탁악세 말법의 시대 탓인지, 하다못해 1천 번 정도 읽으신 분조차도 만나기가 어렵습니다. 이번에 나온 「관세음보살보문품」 사경책을 적어도 두세 번 정성껏 베껴 쓰시고 천 번 이상 독송하시어, 누구나 생활고를 비롯한 원한과 갈등 및 병고와 같은 마음속의 어려운 고민들이 잘

해결되기를 바랍니다. 설령 중간에 생활이 바빠서 쓰다가 그만두었더라도 다시 맨 처음의 약속을 기억하고 거듭 정진하시어, 인생의 수많은 난관과 고통을 슬기롭게 극복하시기를 기원합니다.

누군가의 권유로 사경을 하고자 마음먹은 것은, 말하자면 밭에다 좋은 씨앗을 뿌린 것과 마찬가지라고 하겠습니다. 그렇지만 아무리 훌륭한 종자를 구해 심었어도 가꾸는 이가 정성껏 돌보아야만 씨앗이 제대로 발아하여 잎이 나오고 열매를 맺게 되겠지요. 그와 같이 처음 사경을 하고자 마음먹은 것도 장한 일이지만, 매일같이 자신과의 약속을 저버리지 않고 하루 한 줄씩이라도 정성껏 쓰는 것은 하루 한 번씩 밭을 돌아보고 물을 주는 것과 매한가지라 하겠습니다. 이렇게 하루하루 성심을 다해 마음밭을 가꾸어 나가다 보면 마침내 자신도 이롭고 남도 이롭게 할 수 있는 가장 높은 부처님 깨달음, 곧 무상불과無上佛果의 열매를 수확하게 될 것입니다. 그리하여 경전 말씀처럼 '일체의 공덕을 갖추고 자비한 눈길로 중생을 굽어보시는 관세음보살님'의 위신력으로, 언젠가 『법화경』 전체를 모두 사경할 수 있는 큰 용기와 복덕을 구족하시게 되길 빕니다.

이렇게 하여 '작은 티끌을 불어 영취산에 보태리라' 하고 노래하신 어느 스님의 게송과 같이, 하염없는 불보살님 은혜와 시주님들 은덕에 억억만분의 일이라도 보답할 수 있다면 참으로 행복하겠습니다.

나무관세음보살마하살…….

불기 2555년 아름다운 노을을 바라보며
남산토굴에서
혜조 합장

관세음보살보문품

한문 사경

관	세	음	보	살	보	문	품		
觀	世	音	菩	薩	普	門	品		
볼관	세상 세	소리 음	보리 보	보살 살	널리 보	문 문	가지 품		

이	시		무	진	의	보	살		즉
爾	時		無	盡	意	菩	薩		卽
그 이	때 시		없을 무	다할 진	뜻 의	보리 보	보살 살		곧 즉

종	좌	기		편	단	우	견		합
從	座	起		偏	袒	右	肩		合
좇을 종	자리 좌	일어날 기		치우칠 편	옷벗어맬 단	오른쪽 우	어깨 견		합할 합

장	향	불		이	작	시	언		세
掌	向	佛		而	作	是	言		世
손바닥 장	향할 향	부처 불		말 이을 이	지을 작	이 시	말씀 언		세상 세

존		관	세	음	보	살		이	하
尊		觀	世	音	菩	薩		以	何
높을 존		볼 관	세상 세	소리 음	보리 보	보살 살		써 이	어찌 하

관세음보살보문품
그때 무진의보살이 자리에서 일어나, 옷을 정돈하여 오른쪽 어깨를
드러내고 합장한 채 부처님을 향하여 이렇게 말씀드렸다.
"세존이시여, 관세음보살은

인	연		명	관	세	음		불	고
因	緣		名	觀	世	音		佛	告
인할 인	인연 연		이름 명	볼 관	세상 세	소리 음		부처 불	알릴 고

무	진	의	보	살		선	남	자	
無	盡	意	菩	薩		善	男	子	
없을 무	다할 진	뜻 의	보리 보	보살 살		착할 선	사내 남	아들 자	

약	유	무	량		백	천	만	억	중
若	有	無	量		百	千	萬	億	衆
만약 약	있을 유	없을 무	헤아릴 량		일백 백	일천 천	일만 만	억 억	무리 중

생		수	제	고	뇌		문	시	관
生		受	諸	苦	惱		聞	是	觀
날 생		받을 수	모든 제	괴로울 고	괴로워할 뇌		들을 문	이 시	볼 관

세	음	보	살		일	심	칭	명	
世	音	菩	薩		一	心	稱	名	
세상 세	소리 음	보리 보	보살 살		한 일	마음 심	일컬을 칭	이름 명	

무슨 인연으로써 '관세음'이라 부르게 되었습니까?"
부처님께서 무진의보살에게 이르시었다.
"선남자여! 각종 고통에 시달리는 한량없는 백천만억 중생들이
관세음보살에 대해 듣고 일심으로 그 이름을 부른다면,

관	세	음	보	살		즉	시		관
觀	世	音	菩	薩		卽	時		觀
볼관	세상세	소리음	보리보	보살살		곧즉	때시		볼관

기	음	성		개	득	해	탈		약
其	音	聲		皆	得	解	脫		若
그기	소리음	소리성		다개	얻을득	풀해	벗을탈		만약약

유	지	시		관	세	음	보	살	명
有	持	是		觀	世	音	菩	薩	名
있을유	가질지	이시		볼관	세상세	소리음	보리보	보살살	이름명

자		설	입	대	화		화	불	능
者		設	入	大	火		火	不	能
놈자		설령설	들입	큰대	불화		불화	아닐불	능할능

소		유	시	보	살	위	신	력	고
燒		由	是	菩	薩	威	神	力	故
사를소		말미암을유	이시	보리보	보살살	위엄위	신통할신	힘력	연고고

관세음보살이 즉시 그 음성을 관찰하고
그들을 모두 괴로움에서 벗어나게 하느니라.
관세음보살을 염불하는 사람은 설사 큰 불구덩이 속에 떨어지게 되었더라도
불이 태울 수 없나니, 바로 관세음보살의 위신력을 입었기 때문이니라.

약	위	대	수	소	표		칭	기	명
若	爲	大	水	所	漂		稱	其	名
만약 약	할 위	큰 대	물 수	바 소	떠내려갈 표		일컬을 칭	그 기	이름 명

호		즉	득	천	처		약	유	백
號		卽	得	淺	處		若	有	百
이름 호		곧 즉	얻을 득	얕을 천	곳 처		만약 약	있을 유	일백 백

천	만	억	중	생		위	구	금	은
千	萬	億	衆	生		爲	求	金	銀
일천 천	일만 만	억 억	무리 중	날 생		위할 위	구할 구	쇠 금	은 은

유	리		자	거	마	노		산	호
琉	璃		硨	磲	瑪	瑙		珊	瑚
유리 유	유리 리		옥돌 자	옥돌 거	마노 마	마노 노		산호 산	산호 호

호	박		진	주	등	보		입	어
琥	珀		眞	珠	等	寶		入	於
호박 호	호박 박		참 진	구슬 주	무리 등	보배 보		들 입	어조사 어

혹 큰물에 떠내려가게 되었더라도
관세음보살의 명호를 부르면 곧 얕은 물가에 닿게 되느니라.
가령 어떤 백천만억 중생들이 금·은·유리·자거·
마노·산호·호박·진주 등 여러 보배들을 찾아

대	해		가	사	흑	풍		취	기
大	海		假	使	黑	風		吹	其
큰 대	바다 해		거짓 가	가령 사	검을 흑	바람 풍		불 취	그 기

선	방		표	타	나	찰	귀	국	
船	舫		飄	墮	羅	刹	鬼	國	
배 선	배 방		회오리바람표	떨어질 타	새그물 나	절 찰	귀신 귀	나라 국	

기	중		약	유	내	지	일	인	
其	中		若	有	乃	至	一	人	
그 기	가운데 중		만약 약	있을 유	이에 내	이를 지	한 일	사람 인	

칭	관	세	음		보	살	명	자	
稱	觀	世	音		菩	薩	名	者	
일컬을 칭	볼 관	세상 세	소리 음		보리 보	보살 살	이름 명	놈 자	

시	제	인	등		개	득	해	탈	
是	諸	人	等		皆	得	解	脫	
이 시	모든 제	사람 인	무리 등		다 개	얻을 득	풀 해	벗을 탈	

큰 바다로 나섰다가, 폭풍이 불어서
그만 나찰귀 나라에 표류하게 되었다고 하자.
그렇더라도 그들 중 하다못해 단 한 명만이라도
관세음보살의 이름을 부르는 이가 있다면, 그 여러 사람들이 전부

나	찰	지	난		이	시	인	연	
羅	刹	之	難		以	是	因	緣	
새그물 나	절 찰	어조사 지	어려울 난		써 이	이 시	인할 인	인연 연	

명	관	세	음		약	부	유	인	
名	觀	世	音		若	復	有	人	
이름 명	볼 관	세상 세	소리 음		만약 약	다시 부	있을 유	사람 인	

임	당	피	해		칭	관	세	음	
臨	當	被	害		稱	觀	世	音	
임할 임	마땅히 당	입을 피	해할 해		일컬을 칭	볼 관	세상 세	소리 음	

보	살	명	자		피	소	집	도	장
菩	薩	名	者		彼	所	執	刀	杖
보리 보	보살 살	이름 명	놈 자		저 피	바 소	잡을 집	칼 도	지팡이 장

심	단	단	괴		이	득	해	탈	
尋	段	段	壞		而	得	解	脫	
곧 심	조각 단	조각 단	무너질 괴		말이을 이	얻을 득	풀 해	벗을 탈	

나찰의 환난에서 벗어나게 되느니라. 이런 인연으로써
'세상의 소리를 관찰하는 분', 곧 '관세음보살' 이라 부르게 되었느니라.
또 어떤 사람이 금방 칼에 찔리게 된 경우라도 관세음보살 이름을 부른다면,
상대방이 잡고 있던 칼이나 막대기가 산산조각 부서져 위기를 모면하게 되느니라.

약	삼	천	대	천	국	토		만	중
若	三	千	大	千	國	土		滿	中
만약 약	석 삼	일천 천	큰 대	일천 천	나라 국	흙 토		찰 만	가운데 중

야	차	나	찰		욕	래	뇌	인
夜	叉	羅	刹		欲	來	惱	人
밤 야	깍지낄 차	새그물 나	절 찰		하고자할 욕	올 래	괴롭힐 뇌	사람 인

문	기	칭	관	세	음		보	살	명
聞	其	稱	觀	世	音		菩	薩	名
들을 문	그 기	일컬을 칭	볼 관	세상 세	소리 음		보리 보	보살 살	이름 명

자		시	제	악	귀		상	불	능
者		是	諸	惡	鬼		尚	不	能
놈 자		이 시	모든 제	악할 악	귀신 귀		오히려 상	아닐 불	능할 능

이	악	안	시	지		황	부	가	해
以	惡	眼	視	之		況	復	加	害
써 이	악할 악	눈 안	볼 시	어조사 지		하물며 황	다시 부	더할 가	해할 해

혹 삼천대천 온 세계에 가득 찬 야차와 나찰들이
사람에게 들러붙어 괴롭히려고 하더라도,
관세음보살 염불하는 소리를 들으면 악귀들이 감히 사악한 눈길로
그 사람을 쳐다보지도 못하거늘 어찌 다시 해칠 수 있겠느냐!

설	부	유	인		약	유	죄		약
設	復	有	人		若	有	罪		若
설령 설	다시 부	있을 유	사람 인		만약 약	있을 유	허물 죄		만약 약

무	죄		추	계	가	쇄		검	계
無	罪		杻	械	枷	鎖		檢	繫
없을 무	허물 죄		쇠고랑 추	형틀 계	칼 가	쇠사슬 쇄		묶을 검	맬 계

기	신		칭	관	세	음		보	살
其	身		稱	觀	世	音		菩	薩
그 기	몸 신		일컬을 칭	볼 관	세상 세	소리 음		보리 보	보살 살

명	자		개	실	단	괴		즉	득
名	者		皆	悉	斷	壞		即	得
이름 명	놈 자		다 개	다 실	끊을 단	무너질 괴		곧 즉	얻을 득

해	탈		약	삼	천	대	천	국	토
解	脫		若	三	千	大	千	國	土
풀 해	벗을 탈		만약 약	석 삼	일천 천	큰 대	일천 천	나라 국	흙 토

또 어떤 이가 수갑과 형틀·칼·자물쇠에 몸이 꽁꽁 묶였더라도,
관세음보살을 염불한다면 죄가 있든지 없든지 간에
저절로 풀어지고 끊어져서 즉시 풀려나게 되리라.
만일 삼천대천 온 세계에

만	중	원	적		유	일	상	주
滿	中	怨	賊		有	一	商	主
찰 만	가운데 중	원수 원	도둑 적		있을 유	한 일	장사 상	주인 주

장	제	상	인		재	지	중	보
將	諸	商	人		齎	持	重	寶
거느릴 장	모든 제	장사 상	사람 인		가질 재	가질 지	무거울 중	보배 보

경	과	험	로		기	중	일	인
經	過	嶮	路		其	中	一	人
지날 경	지날 과	험할 험	길 로		그 기	가운데 중	한 일	사람 인

작	시	창	언		제	선	남	자
作	是	唱	言		諸	善	男	子
지을 작	이 시	부를 창	말씀 언		모든 제	착할 선	사내 남	아들 자

물	득	공	포		여	등		응	당
勿	得	恐	怖		汝	等		應	當
말 물	얻을 득	두려울 공	두려워할 포		너 여	무리 등		응당히 응	마땅히 당

원수와 도적떼들이 가득 들끓고 있는데, 마침 한 인솔자가
여러 상인들을 데리고 값진 보배를 가득 실은 채 험한 길을 지나간다고 하자.
그 가운데 누군가 큰 소리로 일행들에게 말하기를,
'모든 선남자들이여, 조금도 두려워하지 말라! 너희들은 마땅히

일	심		칭	관	세	음		보	살
一	心		稱	觀	世	音		菩	薩
한 일	마음 심		일컬을 칭	볼 관	세상 세	소리 음		보리 보	보살 살

명	호		시	보	살		능	이	무
名	號		是	菩	薩		能	以	無
이름 명	이름 호		이 시	보리 보	보살 살		능할 능	써 이	없을 무

외		시	어	중	생		여	등	
畏		施	於	衆	生		汝	等	
두려워할 외		베풀 시	어조사 어	무리 중	날 생		너 여	무리 등	

약	칭	명	자		어	차	원	적	
若	稱	名	者		於	此	怨	賊	
만약 약	일컬을 칭	이름 명	놈 자		어조사 어	이 차	원수 원	도둑 적	

당	득	해	탈		중	상	인	문	
當	得	解	脫		衆	商	人	聞	
마땅히 당	얻을 득	풀 해	벗을 탈		무리 중	장사 상	사람 인	들을 문	

일심으로 관세음보살 이름을 염불하라! 관세음보살님께서는
능히 중생의 두려움을 없애주시나니, 너희들이 만약 관세음보살
이름을 부른다면 이 도적떼로부터 틀림없이 안전하게 벗어나리라!'
여러 상인들이 그 말을 듣고는

구	발	성	언		나	무	관	세	음
俱	發	聲	言		南	無	觀	世	音
함께 구	필 발	소리 성	말씀 언		남녘 남(나)	없을 무	볼 관	세상 세	소리 음

보	살	칭	기	명	고		즉	득
菩	薩	稱	其	名	故		卽	得
보리 보	보살 살	일컬을 칭	그 기	이름 명	연고 고		곧 즉	얻을 득

해	탈		무	진	의		관	세	음
解	脫		無	盡	意		觀	世	音
풀 해	벗을 탈		없을 무	다할 진	뜻 의		볼 관	세상 세	소리 음

보	살	마	하	살		위	신	지	력
菩	薩	摩	訶	薩		威	神	之	力
보리 보	보살 살	갈 마	꾸짖을 가(하)	보살 살		위엄 위	신통할 신	어조사 지	힘 력

외	외	여	시		약	유	중	생
巍	巍	如	是		若	有	衆	生
높을 외	높을 외	같을 여	이 시		만약 약	있을 유	무리 중	날 생

일제히 소리를 내어 '나무관세음보살… 관세음보살…' 염불한다면,
이렇게 관세음보살을 부른 까닭에 상인들은 무사히 도적떼로부터 구출되리라.
무진의보살이여,
관세음보살마하살의 위신력은 이렇게 어마어마하니라. 만약 어떤 중생이

다	어	음	욕		상	념	공	경
多	於	婬	欲		常	念	恭	敬
많을 다	어조사 어	음탕할 음	욕심 욕		항상 상	생각할 념	공손할 공	공경할 경

관	세	음	보	살	변	득	이	욕
觀	世	音	菩	薩	便	得	離	欲
볼 관	세상 세	소리 음	보리 보	보살 살	문득 변	얻을 득	떠날 이	욕심 욕

약	다	진	에		상	념	공	경
若	多	瞋	恚		常	念	恭	敬
만약 약	많을 다	성낼 진	성낼 에		항상 상	생각할 념	공손할 공	공경할 경

관	세	음	보	살	변	득	이	진
觀	世	音	菩	薩	便	得	離	瞋
볼 관	세상 세	소리 음	보리 보	보살 살	문득 변	얻을 득	떠날 이	성낼 진

약	다	우	치		상	념	공	경
若	多	愚	癡		常	念	恭	敬
만약 약	많을 다	어리석을 우	어리석을 치		항상 상	생각할 념	공손할 공	공경할 경

음욕이 많을지라도 항상 관세음보살을
생각하고 공경한다면 곧 음욕을 여의게 되느니라.
혹 성내는 마음이 많더라도 항상 관세음보살을 생각하고 공경한다면
성내는 마음이 사라지며, 어리석은 마음이 많더라도 항상

관	세	음	보	살		변	득	이	치
觀	世	音	菩	薩		便	得	離	癡
볼관	세상세	소리음	보리보	보살살		문득변	얻을득	떠날이	어리석을치

무	진	의		관	세	음	보	살
無	盡	意		觀	世	音	菩	薩
없을무	다할진	뜻의		볼관	세상세	소리음	보리보	보살살

유	여	시	등		대	위	신	력
有	如	是	等		大	威	神	力
있을유	같을여	이시	무리등		큰대	위엄위	신통할신	힘력

다	소	요	익		시	고	중	생
多	所	饒	益		是	故	衆	生
많을다	바소	넉넉할요	더할익		이시	연고고	무리중	날생

상	응	심	념		약	유	여	인
常	應	心	念		若	有	女	人
항상상	응당히응	마음심	생각할념		만약약	있을유	여자여	사람인

관세음보살을 생각하고 공경한다면 어리석은 마음이 사라지느니라.
무진의보살이여!
관세음보살은 이와 같이 큰 위신력을 갖추고 크게 중생들을 이롭게 하느니라.
그러므로 중생들은 마음속으로 항상 관세음보살을 생각해야 하느니라. 만약 어떤 여인이

설	욕	구	남		예	배	공	양
設	欲	求	男		禮	拜	供	養
설령 설	하고자할 욕	구할 구	사내 남		예도 예	절 배	이바지할 공	기를 양

관	세	음	보	살	변	생	복	덕
觀	世	音	菩	薩	便	生	福	德
볼 관	세상 세	소리 음	보리 보	보살 살	문득 변	날 생	복 복	덕 덕

지	혜	지	남		설	욕	구	녀
智	慧	之	男		設	欲	求	女
슬기 지	지혜 혜	어조사 지	사내 남		설령 설	하고자할 욕	구할 구	여자 녀

변	생	단	정		유	상	지	녀
便	生	端	正		有	相	之	女
문득 변	날 생	단정할 단	바를 정		있을 유	모양 상	어조사 지	여자 녀

숙	식	덕	본		중	인	애	경
宿	植	德	本		衆	人	愛	敬
묵을 숙	심을 식	덕 덕	근본 본		무리 중	사람 인	사랑 애	공경할 경

아들을 낳고자 관세음보살께 예배하고 공양한다면
복덕과 지혜를 겸비한 아들을 낳게 되리라.
혹 딸을 낳기 원한다면 단정하고 어여쁜 딸을 낳되,
전생에 심은 공덕이 많아서 여러 사람들의 사랑과 공경을 받게 되리라.

무	진	의		관	세	음	보	살
無	盡	意		觀	世	音	菩	薩
없을 무	다할 진	뜻 의		볼 관	세상 세	소리 음	보리 보	보살 살

유	여	시	력	약	유	중	생
有	如	是	力	若	有	衆	生
있을 유	같을 여	이 시	힘 력	만약 약	있을 유	무리 중	날 생

공	경	예	배	관	세	음	보	살
恭	敬	禮	拜	觀	世	音	菩	薩
공손할 공	공경할 경	예도 예	절 배	볼 관	세상 세	소리 음	보리 보	보살 살

복	불	당	연	시	고	중	생
福	不	唐	捐	是	故	衆	生
복 복	아닐 불	헛될 당	버릴 연	이 시	연고 고	무리 중	날 생

개	응	수	지	관	세	음	보	살
皆	應	受	持	觀	世	音	菩	薩
다 개	응당히 응	받을 수	가질 지	볼 관	세상 세	소리 음	보리 보	보살 살

무진의보살이여,
관세음보살은 이와 같이 위대한 능력을 갖추었느니라.
어떤 중생이든 관세음보살을 공경하고 예배한다면 그 복이 결코 헛되지 않나니,
따라서 모든 중생들은 관세음보살을 염불해야 하느니라.

명	호		무	진	의		약	유	인
名	號		無	盡	意		若	有	人
이름 명	이름 호		없을 무	다할 진	뜻 의		만약 약	있을 유	사람 인

수	지	육	십	이	억		항	하	사
受	持	六	十	二	億		恒	河	沙
받을 수	가질 지	여섯 육	열 십	두 이	억 억		항상 항	물 하	모래 사

보	살	명	자		부	진	형		공
菩	薩	名	字		復	盡	形		供
보리 보	보살 살	이름 명	글자 자		다시 부	다할 진	모양 형		이바지할 공

양	음	식	의	복		와	구	의	약
養	飮	食	衣	服		臥	具	醫	藥
기를 양	마실 음	먹을 식	옷 의	옷 복		누울 와	갖출 구	의원 의	약 약

어	여	의	운	하		시	선	남	자
於	汝	意	云	何		是	善	男	子
어조사 어	너 여	뜻 의	이를 운	어찌 하		이 시	착할 선	사내 남	아들 자

무진의보살이여!
만약 어떤 사람이 육십이억 항하의 모래알처럼 수많은
보살들의 이름을 염불하고, 게다가 목숨이 다할 때까지
음식·의복·침구·약품 등을 공양한다면 그대 생각에는 어떠한가? 그 선남자

선	여	인		공	덕	다	부		무
善	女	人		功	德	多	不		無
착할 선	여자 여	사람 인		공 공	덕 덕	많을 다	아닐 부		없을 무

진	의	언		심	다	세	존		불
盡	意	言		甚	多	世	尊		佛
다할 진	뜻 의	말씀 언		심할 심	많을 다	세상 세	높을 존		부처 불

언		약	부	유	인		수	지	관
言		若	復	有	人		受	持	觀
말씀 언		만약 약	다시 부	있을 유	사람 인		받을 수	가질 지	볼 관

세	음		보	살	명	호		내	지
世	音		菩	薩	名	號		乃	至
세상 세	소리 음		보리 보	보살 살	이름 명	이름 호		이에 내	이를 지

일	시		예	배	공	양		시	이
一	時		禮	拜	供	養		是	二
한 일	때 시		예도 예	절 배	이바지할 공	기를 양		이 시	두 이

선여인에게 얼마나 많은 공덕이 있겠느냐?"
무진의보살이 대답하였다. "공덕이 매우 많을 것이옵니다. 세존이시여!"
부처님께서 말씀하셨다. "그런데 또 어떤 사람이 관세음보살
이름을 염불하되 하다못해 잠깐만이라도 예배하고 공양한다면,

인	복		정	등	무	이		어	백
人	福		正	等	無	異		於	百
사람 인	복 복		바를 정	같을 등	없을 무	다를 이		어조사 어	일백 백

천	만	억	겁		불	가	궁	진
千	萬	億	劫		不	可	窮	盡
일천 천	일만 만	억 억	겁 겁		아닐 불	가히 가	다할 궁	다할 진

무	진	의		수	지	관	세	음
無	盡	意		受	持	觀	世	音
없을 무	다할 진	뜻 의		받을 수	가질 지	볼 관	세상 세	소리 음

보	살	명	호		득	여	시		무
菩	薩	名	號		得	如	是		無
보리 보	보살 살	이름 명	이름 호		얻을 득	같을 여	이 시		없을 무

량	무	변		복	덕	지	리		무
量	無	邊		福	德	之	利		無
헤아릴 량	없을 무	가 변		복 복	덕 덕	어조사 지	이로울 리		없을 무

두 사람의 복이 똑같아서 백천만억 겁이 흘러도 결코 다하지 않으리라.
무진의보살이여,
관세음보살 이름을 늘 염불하면 이와 같이
한량없고 그지없는 복덕의 이익을 얻게 되느니라."

진	의	보	살		백	불	언		세
盡	意	菩	薩		白	佛	言		世
다할진	뜻 의	보리 보	보살 살		사뢸 백	부처 불	말씀 언		세상 세

존		관	세	음	보	살		운	하
尊		觀	世	音	菩	薩		云	何
높을 존		볼 관	세상 세	소리 음	보리 보	보살 살		이를 운	어찌 하

유	차		사	바	세	계		운	하
遊	此		娑	婆	世	界		云	何
놀 유	이 차		춤출 사	할미 파(바)	세상 세	지경 계		이를 운	어찌 하

이	위		중	생	설	법		방	편
而	爲		衆	生	說	法		方	便
말이을 이	위할 위		무리 중	날 생	말씀 설	법 법		처방 방	편할 편

지	력		기	사	운	하		불	고
之	力		其	事	云	何		佛	告
어조사 지	힘 력		그 기	일 사	이를 운	어찌 하		부처 불	알릴 고

무진의보살이 부처님께 사뢰었다.
"세존이시여! 관세음보살은 어떤 식으로 이 사바세계를 자유로이 오가며,
중생들을 위하여 어떻게 설법합니까? 또 방편의 능력은 어느 정도입니까?"
부처님께서

무	진	의	보	살		선	남	자	
無	盡	意	菩	薩		善	男	子	
없을 무	다할 진	뜻 의	보리 보	보살 살		착할 선	사내 남	아들 자	

약	유	국	토	중	생		응	이	불
若	有	國	土	衆	生		應	以	佛
만약 약	있을 유	나라 국	흙 토	무리 중	날 생		응할 응	써 이	부처 불

신		득	도	자		관	세	음	보
身		得	度	者		觀	世	音	菩
몸 신		얻을 득	건널 도	놈 자		볼 관	세상 세	소리 음	보리 보

살		즉	현	불	신		이	위	설
薩		卽	現	佛	身		而	爲	說
보살 살		곧 즉	나타날 현	부처 불	몸 신		말이을 이	할 위	말씀 설

법		응	이	벽	지	불	신		득
法		應	以	辟	支	佛	身		得
법 법		응할 응	써 이	임금 벽	지탱할 지	부처 불	몸 신		얻을 득

무진의보살에게 이르시었다.
"선남자여! 어떤 국토의 중생이든
응당 부처님 몸으로써 제도해야 할 자에게는 관세음보살이
곧 부처님 몸으로 나타나 설법하느니라. 혹 벽지불 몸으로써

도	자		즉	현	벽	지	불	신
度	者		卽	現	辟	支	佛	身
건널 도	놈 자		곧 즉	나타날 현	임금 벽	지탱할 지	부처 불	몸 신

이	위	설	법		응	이	성	문	신
而	爲	說	法		應	以	聲	聞	身
말 이을 이	할 위	말씀 설	법 법		응할 응	써 이	소리 성	들을 문	몸 신

득	도	자		즉	현	성	문	신
得	度	者		卽	現	聲	聞	身
얻을 득	건널 도	놈 자		곧 즉	나타날 현	소리 성	들을 문	몸 신

이	위	설	법		응	이	범	왕	신
而	爲	說	法		應	以	梵	王	身
말 이을 이	할 위	말씀 설	법 법		응할 응	써 이	하늘 범	임금 왕	몸 신

득	도	자		즉	현	범	왕	신
得	度	者		卽	現	梵	王	身
얻을 득	건널 도	놈 자		곧 즉	나타날 현	하늘 범	임금 왕	몸 신

제도해야 할 자에게는 즉시 벽지불 몸으로 나타나 설법하며,
성문의 몸으로써 제도해야 할 자에게는 성문의 몸으로 나타나 설법하느니라.
또한 범천왕 몸으로써 제도해야 할 자에게는
바로 범천왕 몸으로 나타나

이	위	설	법		응	이	제	석	신
而	爲	說	法		應	以	帝	釋	身
말이을이	할위	말씀설	법법		응할응	써이	임금제	풀석	몸신

득	도	자			즉	현	제	석	신
得	度	者			卽	現	帝	釋	身
얻을득	건널도	놈자			곧즉	나타날현	임금제	풀석	몸신

이	위	설	법		응	이	자	재	천
而	爲	說	法		應	以	自	在	天
말이을이	할위	말씀설	법법		응할응	써이	스스로자	있을재	하늘천

신		득	도	자		즉	현	자	재
身		得	度	者		卽	現	自	在
몸신		얻을득	건널도	놈자		곧즉	나타날현	스스로자	있을재

천	신		이	위	설	법		응	이
天	身		而	爲	說	法		應	以
하늘천	몸신		말이을이	할위	말씀설	법법		응할응	써이

설법하고, 제석천왕 몸으로써 제도해야 할 자에게는
제석천왕 몸으로 나타나 설법하느니라.
아울러 자재천왕 몸으로써 제도해야 할 자에게는
얼른 자재천왕 몸으로 나타나 설법하며,

대	자	재	천	신		득	도	자	
大	自	在	天	身		得	度	者	
큰대	스스로자	있을재	하늘천	몸신		얻을득	건널도	놈자	

즉	현	대	자	재	천	신		이	위
卽	現	大	自	在	天	身		而	爲
곧즉	나타날현	큰대	스스로자	있을재	하늘천	몸신		말이을이	할위

설	법		응	이	천	대	장	군	신
說	法		應	以	天	大	將	軍	身
말씀설	법법		응할응	써이	하늘천	큰대	장수장	군사군	몸신

득	도	자		즉	현	천	대	장	군
得	度	者		卽	現	天	大	將	軍
얻을득	건널도	놈자		곧즉	나타날현	하늘천	큰대	장수장	군사군

신		이	위	설	법		응	이	비
身		而	爲	說	法		應	以	毘
몸신		말이을이	할위	말씀설	법법		응할응	써이	도울비

대자재천왕 몸으로써 제도해야 할 자에게는
대자재천왕 몸으로 나타나 설법하느니라.
그리고 천대장군 몸으로써 제도해야 할 자에게는
천대장군 몸으로 나타나 설법하고,

사	문	신		득	도	자		즉	현
沙	門	身		得	度	者		卽	現
모래 사	문 문	몸 신		얻을 득	건널 도	놈 자		곧 즉	나타날 현

비	사	문	신		이	위	설	법
毘	沙	門	身		而	爲	說	法
도울 비	모래 사	문 문	몸 신		말 이을 이	할 위	말씀 설	법 법

응	이	소	왕	신		득	도	자
應	以	小	王	身		得	度	者
응할 응	써 이	작을 소	임금 왕	몸 신		얻을 득	건널 도	놈 자

즉	현	소	왕	신		이	위	설	법
卽	現	小	王	身		而	爲	說	法
곧 즉	나타날 현	작을 소	임금 왕	몸 신		말 이을 이	할 위	말씀 설	법 법

응	이	장	자	신		득	도	자
應	以	長	者	身		得	度	者
응할 응	써 이	어른 장	놈 자	몸 신		얻을 득	건널 도	놈 자

비사문천왕 몸으로써 제도해야 할 자에게는 비사문천왕 몸으로 나타나
설법하느니라. 더욱이 작은 왕의 몸으로써 제도해야 할 자에게는
즉시 작은 왕의 몸으로 나타나 설법하고,
재벌장자의 몸으로써 제도해야 할 자에게는

즉	현	장	자	신		이	위	설	법
卽	現	長	者	身		而	爲	說	法
곧 즉	나타날 현	어른 장	놈 자	몸 신		말 이을 이	할 위	말씀 설	법 법

응	이	거	사	신		득	도	자
應	以	居	士	身		得	度	者
응할 응	써 이	살 거	선비 사	몸 신		얻을 득	건널 도	놈 자

즉	현	거	사	신		이	위	설	법
卽	現	居	士	身		而	爲	說	法
곧 즉	나타날 현	살 거	선비 사	몸 신		말 이을 이	할 위	말씀 설	법 법

응	이	재	관	신		득	도	자
應	以	宰	官	身		得	度	者
응할 응	써 이	재상 재	벼슬 관	몸 신		얻을 득	건널 도	놈 자

즉	현	재	관	신		이	위	설	법
卽	現	宰	官	身		而	爲	說	法
곧 즉	나타날 현	재상 재	벼슬 관	몸 신		말 이을 이	할 위	말씀 설	법 법

재벌장자의 몸으로 나타나 설법하며, 거사의 몸으로써
제도해야 할 자에게는 거사의 몸으로 나타나 설법하느니라.
그리고 재상의 몸으로써 제도해야 할 자에게는
곧 재상의 몸으로 나타나 설법하며,

응	이	바	라	문	신		득	도	자
應	以	婆	羅	門	身		得	度	者
응할 응	써 이	할미 파(바)	새그물 라	문 문	몸 신		얻을 득	건널 도	놈 자

즉	현	바	라	문	신		이	위	설
卽	現	婆	羅	門	身		而	爲	說
곧 즉	나타날 현	할미 파(바)	새그물 라	문 문	몸 신		말이을 이	할 위	말씀 설

법		응	이	비	구	비	구	니	
法		應	以	比	丘	比	丘	尼	
법 법		응할 응	써 이	견줄 비	언덕 구	견줄 비	언덕 구	여승 니	

우	바	새	우	바	이	신		득	도
優	婆	塞	優	婆	夷	身		得	度
넉넉할 우	할미 파(바)	변방 새	넉넉할 우	할미 파(바)	오랑캐 이	몸 신		얻을 득	건널 도

자		즉	현	비	구	비	구	니	
者		卽	現	比	丘	比	丘	尼	
놈 자		곧 즉	나타날 현	견줄 비	언덕 구	견줄 비	언덕 구	여승 니	

바라문의 몸으로써 제도해야 할 자에게는
바라문의 몸으로 나타나 설법하느니라.
또한 비구·비구니·우바새·우바이 몸으로써
제도해야 할 자에게는 즉각 비구·비구니·

우	바	새	우	바	이	신		이	위
優	婆	塞	優	婆	夷	身		而	爲
넉넉할 우	할미 파(바)	변방 새	넉넉할 우	할미 파(바)	오랑캐 이	몸 신		말 이을 이	할 위

설	법		응	이	장	자	거	사
說	法		應	以	長	者	居	士
말씀 설	법 법		응할 응	써 이	어른 장	놈 자	살 거	선비 사

재	관	바	라	문	부	녀	신		득
宰	官	婆	羅	門	婦	女	身		得
재상 재	벼슬 관	할미 파(바)	새그물 라	문 문	아내 부	여자 녀	몸 신		얻을 득

도	자		즉	현	부	녀	신		이
度	者		卽	現	婦	女	身		而
건널 도	놈 자		곧 즉	나타날 현	아내 부	여자 녀	몸 신		말 이을 이

위	설	법		응	이	동	남	동	녀
爲	說	法		應	以	童	男	童	女
할 위	말씀 설	법 법		응할 응	써 이	아이 동	사내 남	아이 동	여자 녀

우바새·우바이 몸으로 나타나 설법하느니라.
장자 부인·거사 부인·재상 부인·바라문 부인의 몸으로써
제도해야 할 자에게는 그 부인들 몸으로 나타나 설법하고,
어린 동자와 동녀의 몸으로써

신		득	도	자		즉	현	동	남
身		得	度	者		卽	現	童	男
몸 신		얻을 득	건널 도	놈 자		곧 즉	나타날 현	아이 동	사내 남

동	녀	신		이	위	설	법		응
童	女	身		而	爲	說	法		應
아이 동	여자 녀	몸 신		말 이을 이	할 위	말씀 설	법 법		응할 응

이	천	룡	야	차		건	달	바	아
以	天	龍	夜	叉		乾	闥	婆	阿
써 이	하늘 천	용 룡	밤 야	깍지 낄 차		하늘 건	대궐문 달	할미 파(바)	언덕 아

수	라		가	루	라	긴	나	라	
修	羅		迦	樓	羅	緊	那	羅	
닦을 수	새그물 라		막을 가	다락 루	새그물 라	긴할 긴	어찌 나	새그물 라	

마	후	라	가		인	비	인	등	신
摩	睺	羅	伽		人	非	人	等	身
갈 마	애꾸눈 후	새그물 라	절 가		사람 인	아닐 비	사람 인	무리 등	몸 신

제도해야 할 자에게는 당장 어린 동자와
동녀의 몸으로 나타나 설법하느니라. 뿐만 아니라
하늘천신·용·야차·건달바·아수라·가루라·긴나라·
마후라가 같이 사람인 듯하면서 아닌 이들의 몸으로써

득	도	자		즉	개	현	지		이
得	度	者		卽	皆	現	之		而
얻을 득	건널 도	놈 자		곧 즉	다 개	나타날 현	어조사 지		말 이을 이

위	설	법		응	이	집	금	강	신
爲	說	法		應	以	執	金	剛	神
할 위	말씀 설	법 법		응할 응	써 이	잡을 집	쇠 금	굳셀 강	귀신 신

득	도	자		즉	현	집	금	강	신
得	度	者		卽	現	執	金	剛	神
얻을 득	건널 도	놈 자		곧 즉	나타날 현	잡을 집	쇠 금	굳셀 강	귀신 신

이	위	설	법		무	진	의		시
而	爲	說	法		無	盡	意		是
말 이을 이	할 위	말씀 설	법 법		없을 무	다할 진	뜻 의		이 시

관	세	음	보	살	성	취	여	시
觀	世	音	菩	薩	成	就	如	是
볼 관	세상 세	소리 음	보리 보	보살 살	이룰 성	이룰 취	같을 여	이 시

제도해야 할 자에게는 전부 그들 몸으로 나타나 설법하며,
집금강신 몸으로써 제도해야 할 자에게는
집금강신 몸으로 나타나 설법하느니라.
무진의보살이여! 관세음보살은 이와 같이

공	덕		이	종	종	형		유	제
功	德		以	種	種	形		遊	諸
공 공	덕 덕		써 이	종류 종	종류 종	모양 형		놀 유	모든 제

국	토		도	탈	중	생		시	고
國	土		度	脫	衆	生		是	故
나라 국	흙 토		건널 도	벗을 탈	무리 중	날 생		이 시	연고 고

여	등		응	당	일	심		공	양
汝	等		應	當	一	心		供	養
너 여	무리 등		응당히 응	마땅히 당	한 일	마음 심		이바지할 공	기를 양

관	세	음	보	살		시	관	세	음
觀	世	音	菩	薩		是	觀	世	音
볼 관	세상 세	소리 음	보리 보	보살 살		이 시	볼 관	세상 세	소리 음

보	살	마	하	살		어	포	외	급
菩	薩	摩	訶	薩		於	怖	畏	急
보리 보	보살 살	갈 마	꾸짖을 가(하)	보살 살		어조사 어	두려워할 포	두려워할 외	급할 급

대단한 공덕을 성취하여, 갖가지 형상으로 많은 국토를 다니면서
중생들을 제도하여 해탈시키느니라. 그러므로 그대들은 응당
한결같은 마음으로 관세음보살께 공양해야 하느니라.
관세음보살마하살은 당장 두렵고 위급한

난	지	중		능	시	무	외		시
難	之	中		能	施	無	畏		是
어려울 난	어조사 지	가운데 중		능할 능	베풀 시	없을 무	두려워할 외		이 시

고		차	사	바	세	계		개	호
故		此	娑	婆	世	界		皆	號
연고 고		이 차	춤출 사	할미 파(바)	세상 세	지경 계		다 개	이름 호

지	위		시	무	외	자		무	진
之	爲		施	無	畏	者		無	盡
어조사 지	할 위		베풀 시	없을 무	두려워할 외	놈 자		없을 무	다할 진

의	보	살		백	불	언		세	존
意	菩	薩		白	佛	言		世	尊
뜻 의	보리 보	보살 살		사뢸 백	부처 불	말씀 언		세상 세	높을 존

아	금	당	공	양		관	세	음	보
我	今	當	供	養		觀	世	音	菩
나 아	이제 금	마땅히 당	이바지할 공	기를 양		볼 관	세상 세	소리 음	보리 보

환난 속에서도 능히 두려움을 없애주나니, 그리하여 이 사바세계에서는
모두 관세음보살을 '두려움을 없애고 평안을 주시는 분'이라 일컫느니라."
무진의보살이 부처님께 사뢰었다.
"세존이시여, 제가 지금 마땅히 관세음보살께 공양하겠나이다."

살	즉	해	경		중	보	주	영
薩	卽	解	頸		衆	寶	珠	瓔
보살 살	곧 즉	풀 해	목 경		무리 중	보배 보	구슬 주	구슬목걸이 영

락	가	치	백	천	냥	금		이
珞	價	直	百	千	兩	金		而
구슬목걸이 락	값 가	값 치	일백 백	일천 천	두 냥	쇠 금		말 이을 이

이	여	지		작	시	언		인	자
以	與	之		作	是	言		仁	者
써 이	줄 여	어조사 지		지을 작	이 시	말씀 언		어질 인	놈 자

수	차	법	시		진	보	영	락
受	此	法	施		珍	寶	瓔	珞
받을 수	이 차	법 법	베풀 시		보배 진	보배 보	구슬목걸이 영	구슬목걸이 락

시		관	세	음	보	살		불	긍
時		觀	世	音	菩	薩		不	肯
때 시		볼 관	세상 세	소리 음	보리 보	보살 살		아닐 불	즐길 긍

그리고 얼른 목에 걸었던 온갖 보배구슬로 된 백천 냥짜리
값비싼 영락을 끌러서 관세음보살에게 바치며 말하였다.
"어지신 분이시여! 법공양으로 드리는 이 보배영락을 받아주소서!"
당시 관세음보살이 받지 않고

수	지		무	진	의		부	백	관
受	之		無	盡	意		復	白	觀
받을 수	어조사 지		없을 무	다할 진	뜻 의		다시 부	사뢸 백	볼 관

세	음	보	살	언		인	자		민
世	音	菩	薩	言		仁	者		愍
세상 세	소리 음	보리 보	보살 살	말씀 언		어질 인	놈 자		가엾을 민

아	등	고		수	차	영	락		이
我	等	故		受	此	瓔	珞		爾
나 아	무리 등	연고 고		받을 수	이 차	구슬목걸이 영	구슬목걸이 락		그 이

시		불	고	관	세	음	보	살
時		佛	告	觀	世	音	菩	薩
때 시		부처 불	알릴 고	볼 관	세상 세	소리 음	보리 보	보살 살

당	민	차		무	진	의	보	살
當	愍	此		無	盡	意	菩	薩
마땅히 당	가엾을 민	이 차		없을 무	다할 진	뜻 의	보리 보	보살 살

사양하자, 무진의보살이 한 번 더 관세음보살에게 말하였다.
"어지신 분이시여! 저희들을 불쌍히 생각해서라도, 제발 이 영락을 받아주소서!"
그때 부처님께서 관세음보살에게 이르시었다.
"그대는 마땅히 이 무진의보살과

급	사	중		천	룡	야	차		건
及	四	衆		天	龍	夜	叉		乾
및 급	넉 사	무리 중		하늘 천	용 룡	밤 야	깍지 낄 차		하늘 건

달	바	아	수	라		가	루	라	긴
闥	婆	阿	修	羅		迦	樓	羅	緊
대궐문 달	할미 파(바)	언덕 아	닦을 수	새그물 라		막을 가	다락 루	새그물 라	긴할 긴

나	라		마	후	라	가		인	비
那	羅		摩	睺	羅	伽		人	非
어찌 나	새그물 라		갈 마	애꾸눈 후	새그물 라	절 가		사람 인	아닐 비

인	등	고		수	시	영	락		즉
人	等	故		受	是	瓔	珞		即
사람 인	무리 등	연고 고		받을 수	이 시	구슬목걸이 영	구슬목걸이 락		곧 즉

시		관	세	음	보	살		민	제
時		觀	世	音	菩	薩		愍	諸
때 시		볼 관	세상 세	소리 음	보리 보	보살 살		가엾을 민	모든 제

사부대중들 그리고 하늘천신·용·야차와 건달바·아수라·
가루라·긴나라·마후라가 같이 사람인 듯하면서 아닌 이들
모두를 불쌍히 생각해서라도 그 영락을 받도록 하라!"
그러자 즉시 관세음보살은

사	중		급	어	천	룡		인	비
四	眾		及	於	天	龍		人	非
넉 사	무리 중		및 급	어조사 어	하늘 천	용 룡		사람 인	아닐 비

인	등		수	기	영	락		분	작
人	等		受	其	瓔	珞		分	作
사람 인	무리 등		받을 수	그 기	구슬목걸이 영	구슬목걸이 락		나눌 분	지을 작

이	분		일	분		봉	석	가	모
二	分		一	分		奉	釋	迦	牟
두 이	나눌 분		한 일	나눌 분		받들 봉	풀 석	막을 가	소우는소리 모

니	불		일	분		봉	다	보	불
尼	佛		一	分		奉	多	寶	佛
여승 니	부처 불		한 일	나눌 분		받들 봉	많을 다	보배 보	부처 불

탑		무	진	의		관	세	음	보
塔		無	盡	意		觀	世	音	菩
탑 탑		없을 무	다할 진	뜻 의		볼 관	세상 세	소리 음	보리 보

여러 사부대중과 하늘천신·용과 그 밖의 사람인 듯하면서 아닌 이들 모두를
불쌍히 생각하여 그 영락을 받았다. 이윽고 영락을 두 몫으로 나누더니
한 몫은 석가모니 부처님께 올리고, 다른 한 몫은 다보 부처님의 탑에 공양 올렸다.
"무진의보살이여! 관세음보살은

살		유	여	시	자	재	신	력	
薩		有	如	是	自	在	神	力	
보살 살		있을 유	같을 여	이 시	스스로 자	있을 재	신통할 신	힘 력	

유	어	사	바	세	계		이	시	
遊	於	娑	婆	世	界		爾	時	
놀 유	어조사 어	춤출 사	할미 파(바)	세상 세	지경 계		그 이	때 시	

무	진	의	보	살		이	게	문	왈
無	盡	意	菩	薩		以	偈	問	曰
없을 무	다할 진	뜻 의	보리 보	보살 살		써 이	게송 게	물을 문	가로 왈

세	존	묘	상	구		아	금	중	문
世	尊	妙	相	具		我	今	重	問
세상 세	높을 존	묘할 묘	모양 상	갖출 구		나 아	이제 금	거듭할 중	물을 문

피		불	자	하	인	연		명	위
彼		佛	子	何	因	緣		名	爲
저 피		부처 불	아들 자	어찌 하	인할 인	인연 연		이름 명	할 위

이와 같이 자유자재한 신통력을 갖추고, 사바세계를 자유로이 오가며 제도하느니라."
그때 무진의보살이 게송으로 여쭈었다.

"아름답고 미묘한 상호를 구족하신 세존이시여!
제가 지금 다시 한 번 여쭈옵건대, 무슨 인연으로 저 부처님 제자를

관	세	음		구	족	묘	상	존
觀	世	音		具	足	妙	相	尊
볼 관	세상 세	소리 음		갖출 구	족할 족	묘할 묘	모양 상	높을 존

게	답	무	진	의		여	청	관	음
偈	答	無	盡	意		汝	聽	觀	音
게송 게	대답할 답	없을 무	다할 진	뜻 의		너 여	들을 청	볼 관	소리 음

행		선	응	제	방	소		홍	서
行		善	應	諸	方	所		弘	誓
행할 행		착할 선	응할 응	모든 제	방위 방	곳 소		넓을 홍	맹세할 서

심	여	해		역	겁	부	사	의
深	如	海		歷	劫	不	思	議
깊을 심	같을 여	바다 해		지낼 역	겁 겁	아닐 부	생각할 사	의논할 의

시	다	천	억	불		발	대	청	정
侍	多	千	億	佛		發	大	淸	淨
모실 시	많을 다	일천 천	억 억	부처 불		필 발	큰 대	맑을 청	깨끗할 정

> 관세음이라 부르나이까?"
> 미묘한 상호 구족하신 세존께옵서 게송으로 무진의보살에게 대답하시되,
>   "그대는 여러 곳곳마다 감응하는 관음보살의 활동에 대해 새겨들으라. 넓고 큰 서원은 바다처럼 깊나니
>   헤아릴 수 없도록 오랜 겁 동안 수없이 많은 천억 부처님들 섬기면서 크고 청정한 서원을 세웠느니라.

원		아	위	여	약	설		문	명
願		我	爲	汝	略	說		聞	名
원할 원		나 아	위할 위	너 여	대강 약	말씀 설		들을 문	이름 명

급	견	신		심	념	불	공	과
及	見	身		心	念	不	空	過
및 급	볼 견	몸 신		마음 심	생각할 념	아닐 불	빌 공	지날 과

능	멸	제	유	고		가	사	흥	해
能	滅	諸	有	苦		假	使	興	害
능할 능	멸할 멸	모든 제	있을 유	괴로울 고		거짓 가	가령 사	일어날 흥	해할 해

의		추	락	대	화	갱		염	피
意		推	落	大	火	坑		念	彼
뜻 의		밀 추	떨어질 락	큰 대	불 화	구덩이 갱		생각할 염	저 피

관	음	력		화	갱	변	성	지
觀	音	力		火	坑	變	成	池
볼 관	소리 음	힘 력		불 화	구덩이 갱	변할 변	이룰 성	못 지

> 내 그대 위하여 간략히 말하건대 관음보살의 이름을 듣거나 친견하여
> 마음으로 오로지 생각하고 잊지 않는다면 인생의 모든 고통을 없앨 수 있느니라.
> 가령 누군가 해칠 마음먹고 불구덩이로 밀어 느닷없이 떨어지게 되었더라도
> 관세음보살 위신력을 생각한다면 불구덩이가 연못으로 변하며,

혹	표	류	거	해		용	어	제	귀
或	漂	流	巨	海		龍	魚	諸	鬼
혹 혹	떠내려갈 표	흐를 류	클 거	바다 해		용 용	고기 어	모든 제	귀신 귀

난		염	피	관	음	력		파	랑
難		念	彼	觀	音	力		波	浪
어려울 난		생각할 염	저 피	볼 관	소리 음	힘 력		물결 파	물결 랑

불	능	몰		혹	재	수	미	봉	
不	能	沒		或	在	須	彌	峯	
아닐 불	능할 능	빠질 몰		혹 혹	있을 재	모름지기 수	두루찰 미	봉우리 봉	

위	인	소	추	타		염	피	관	음
爲	人	所	推	墮		念	彼	觀	音
할 위	사람 인	바 소	밀 추	떨어질 타		생각할 염	저 피	볼 관	소리 음

력		여	일	허	공	주		혹	피
力		如	日	虛	空	住		或	被
힘 력		같을 여	해 일	빌 허	빌 공	머물 주		혹 혹	입을 피

혹 큰 바다에서 표류하다가 용이나 고기·귀신들의 환난을 당해서도
관세음보살 위신력을 생각한다면 파도조차 능히 빠뜨릴 수가 없고,
게다가 수미산 봉우리에서 누군가 밀어 떨어뜨린대도
관세음보살 위신력을 생각한다면 하늘의 해처럼 둥실 떠 있게 되며,

악	인	축		타	락	금	강	산	
惡	人	逐		墮	落	金	剛	山	
악할 악	사람 인	쫓을 축		떨어질 타	떨어질 락	쇠 금	굳셀 강	뫼 산	

염	피	관	음	력		불	능	손	일
念	彼	觀	音	力		不	能	損	一
생각할 염	저 피	볼 관	소리 음	힘 력		아닐 불	능할 능	덜 손	한 일

모		혹	치	원	적	요		각	집
毛		或	値	怨	賊	繞		各	執
털 모		혹 혹	만날 치	원수 원	도둑 적	두를 요		각각 각	잡을 집

도	가	해		염	피	관	음	력	
刀	加	害		念	彼	觀	音	力	
칼 도	더할 가	해할 해		생각할 염	저 피	볼 관	소리 음	힘 력	

함	즉	기	자	심		혹	조	왕	난
咸	卽	起	慈	心		或	遭	王	難
다 함	곧 즉	일어날 기	사랑 자	마음 심		혹 혹	만날 조	임금 왕	어려울 난

또 악한 사람에게 쫓기어 금강산에서 굴러 떨어지게 되었더라도
관세음보살 위신력을 생각한다면 털끝 하나도 다치지 아니하리라.
흉악한 도적들과 맞닥뜨리게 되어 칼을 뽑아 무섭게 해치려 하더라도
관세음보살 위신력을 생각한다면 도적들 스스로 모두 자비심 내어 살려주고,

고	임	형	욕	수	종	염	피
苦	臨	刑	欲	壽	終	念	彼
괴로울 고	임할 임	형벌 형	하고자할 욕	목숨 수	마칠 종	생각할 염	저 피

관	음	력		도	심	단	단	괴
觀	音	力		刀	尋	段	段	壞
볼 관	소리 음	힘 력		칼 도	곧 심	조각 단	조각 단	무너질 괴

혹	수	금	가	쇄		수	족	피	추
或	囚	禁	枷	鎖		手	足	被	杻
혹 혹	가둘 수	금할 금	칼 가	쇠사슬 쇄		손 수	발 족	입을 피	쇠고랑 추

계		염	피	관	음	력		석	연
械		念	彼	觀	音	力		釋	然
형틀 계		생각할 염	저 피	볼 관	소리 음	힘 력		풀 석	그러할 연

득	해	탈		주	저	제	독	약
得	解	脫		呪	詛	諸	毒	藥
얻을 득	풀 해	벗을 탈		주문 주	저주할 저	모든 제	독 독	약 약

국법에 잘못 걸려 사형 당하게 되었더라도 관세음보살 위신력을 생각한다면
내리치는 칼이 그만 산산조각 부러질 것이며, 행여 구속되어 큰칼을 뒤집어쓴 채
손발이 쇠고랑과 형틀에 묶이게 되었더라도 관세음보살 위신력을 생각한다면
구속에서 저절로 시원스레 풀려나게 되고, 누군가 주문을 외워 저주하거나 온갖 독약으로

소	욕	해	신	자		염	피	관	음
所	欲	害	身	者		念	彼	觀	音
바 소	하고자할 욕	해할 해	몸 신	놈 자		생각할 염	저 피	볼 관	소리 음

력		환	착	어	본	인		혹	우
力		還	著	於	本	人		或	遇
힘 력		돌아갈 환	붙을 착	어조사 어	근본 본	사람 인		혹 혹	만날 우

악	나	찰		독	룡	제	귀	등	
惡	羅	刹		毒	龍	諸	鬼	等	
악할 악	새그물 나	절 찰		독 독	용 룡	모든 제	귀신 귀	무리 등	

염	피	관	음	력		시	실	불	감
念	彼	觀	音	力		時	悉	不	敢
생각할 염	저 피	볼 관	소리 음	힘 력		때 시	다 실	아닐 불	감히 감

해		약	악	수	위	요		이	아
害		若	惡	獸	圍	遶		利	牙
해할 해		만약 약	악할 악	짐승 수	두를 위	두를 요		날카로울 이	어금니 아

> 몸을 해치려 하더라도 관세음보살 위신력을 생각한다면 해악은 도리어
> 주문 외웠던 자에게로 가며, 포악한 나찰과 독룡 그리고 여러 귀신 따위들과 맞부딪쳐서도
> 관세음보살 위신력을 생각한다면 어느 것 하나 감히 덤비지 못할 뿐더러,
> 어쩌다 사나운 맹수들이 둘러싸고 날카로운 이빨과

조	가	포		염	피	관	음	력	
爪	可	怖		念	彼	觀	音	力	
손톱 조	가히 가	두려워할 포		생각할 염	저 피	볼 관	소리 음	힘 력	

질	주	무	변	방		완	사	급	복
疾	走	無	邊	方		蚖	蛇	及	蝮
빠를 질	달릴 주	없을 무	가 변	방위 방		살무사 완	뱀 사	및 급	살무사 복

갈		기	독	연	화	연		염	피
蠍		氣	毒	煙	火	燃		念	彼
전갈 갈		기운 기	독 독	연기 연	불 화	사를 연		생각할 염	저 피

관	음	력		심	성	자	회	거	
觀	音	力		尋	聲	自	迴	去	
볼 관	소리 음	힘 력		찾을 심	소리 성	스스로 자	돌 회	갈 거	

운	뢰	고	철	전		강	박	주	대
雲	雷	鼓	掣	電		降	雹	澍	大
구름 운	우레 뢰	북 고	당길 철	번개 전		내릴 강	우박 박	적실 주	큰 대

발톱으로 위협하더라도 관세음보살 위신력을 생각한다면 도망치느라 죄다 꽁지 빠지게 달아나며,
살모사나 뱀·전갈의 무서운 독기가 불꽃처럼 치솟으며 위협하더라도
관세음보살 위신력을 생각한다면 염불소리 따라 제풀에 사라지고,
먹구름이 덮이자 천둥 번개 치며 우박과 큰비가 억수같이 퍼붓더라도

우		염	피	관	음	력		응	시
雨		念	彼	觀	音	力		應	時
비 우		생각할 염	저 피	볼 관	소리 음	힘 력		응할 응	때 시

득	소	산		중	생	피	곤	액	
得	消	散		衆	生	被	困	厄	
얻을 득	사라질 소	흩을 산		무리 중	날 생	입을 피	곤할 곤	액 액	

무	량	고	핍	신		관	음	묘	지
無	量	苦	逼	身		觀	音	妙	智
없을 무	헤아릴 량	괴로울 고	닥칠 핍	몸 신		볼 관	소리 음	묘할 묘	슬기 지

력		능	구	세	간	고		구	족
力		能	救	世	間	苦		具	足
힘 력		능할 능	건질 구	세상 세	사이 간	괴로울 고		갖출 구	족할 족

신	통	력		광	수	지	방	편	
神	通	力		廣	修	智	方	便	
신통할 신	통할 통	힘 력		넓을 광	닦을 수	슬기 지	처방 방	편할 편	

관세음보살 위신력을 생각한다면 삽시간에 흩어져 개이리라.
따라서 중생에게 재난이 닥쳐 한량없는 고통이 엄습하더라도
관세음보살의 탁월한 지혜 힘이 능히 세간의 고통을 구제하나니,
모든 신통력 완전히 갖추고 지혜로운 방편 널리 닦아서

시	방	제	국	토		무	찰	불	현
十	方	諸	國	土		無	刹	不	現
열 십(시)	방위 방	모든 제	나라 국	흙 토		없을 무	절 찰	아닐 불	나타날 현

신		종	종	제	악	취		지	옥
身		種	種	諸	惡	趣		地	獄
몸 신		종류 종	종류 종	모든 제	악할 악	향할 취		땅 지	옥 옥

귀	축	생		생	로	병	사	고
鬼	畜	生		生	老	病	死	苦
귀신 귀	기를 축	날 생		날 생	늙을 로	병들 병	죽을 사	괴로울 고

이	점	실	영	멸		진	관	청	정
以	漸	悉	令	滅		眞	觀	淸	淨
써 이	점점 점	다 실	하여금 영	멸할 멸		참 진	볼 관	맑을 청	깨끗할 정

관		광	대	지	혜	관		비	관
觀		廣	大	智	慧	觀		悲	觀
볼 관		넓을 광	큰 대	슬기 지	지혜 혜	볼 관		슬플 비	볼 관

모든 시방세계에 몸을 나타내지 못하는 곳이 없어,
여러 갖가지 악도들 지옥 아귀 축생들의 생로병사
모든 고통들마저 점차로 다 없애주느니라.
진실하게 관하며 청정히 관하고 넓고 큰 지혜로 관할 뿐더러

급	자	관		상	원	상	첨	앙	
及	慈	觀		常	願	常	瞻	仰	
및 급	사랑 자	볼 관		항상 상	원할 원	항상 상	볼 첨	우러를 앙	

무	구	청	정	광		혜	일	파	제
無	垢	淸	淨	光		慧	日	破	諸
없을 무	때 구	맑을 청	깨끗할 정	빛 광		지혜 혜	해 일	깨뜨릴 파	모든 제

암		능	복	재	풍	화		보	명
闇		能	伏	災	風	火		普	明
어두울 암		능할 능	엎드릴 복	재앙 재	바람 풍	불 화		널리 보	밝을 명

조	세	간		비	체	계	뢰	진	
照	世	間		悲	體	戒	雷	震	
비출 조	세상 세	사이 간		슬플 비	몸 체	지킬 계	우레 뢰	진동할 진	

자	의	묘	대	운		주	감	로	법
慈	意	妙	大	雲		澍	甘	露	法
사랑 자	뜻 의	묘할 묘	큰 대	구름 운		적실 주	달 감	이슬 로	법 법

> 가엾이 보고 인자하게 관하거니 항상 간청드리며 늘 우러러볼지니라.
> 티끌 한 점 없이 깨끗한 광명의 태양 같은 지혜가 어두운 미혹을 몰아내고
> 능히 바람과 불의 재앙까지 굴복시켜 널리 세상을 밝게 비추나니, 대비가 근본인 계행은
> 천둥치듯 준엄하건만 인자한 마음은 큰 구름같이 미묘하여 감로의 법비를 쏟아 부어서

우		멸	제	번	뇌	염		쟁	송
雨		滅	除	煩	惱	焰		諍	訟
비 우		멸할 멸	제할 제	괴로워할 번	괴로워할 뇌	불꽃 염		다툴 쟁	송사할 송

경	관	처		포	외	군	진	중	
經	官	處		怖	畏	軍	陣	中	
다스릴 경	벼슬 관	곳 처		두려워할 포	두려워할 외	군사 군	진칠 진	가운데 중	

염	피	관	음	력		중	원	실	퇴
念	彼	觀	音	力		衆	怨	悉	退
생각할 염	저 피	볼 관	소리 음	힘 력		무리 중	원수 원	다 실	물러날 퇴

산		묘	음	관	세	음		범	음
散		妙	音	觀	世	音		梵	音
흩을 산		묘할 묘	소리 음	볼 관	세상 세	소리 음		깨끗할 범	소리 음

해	조	음		승	피	세	간	음	
海	潮	音		勝	彼	世	間	音	
바다 해	조수 조	소리 음		수승할 승	저 피	세상 세	사이 간	소리 음	

번뇌의 불꽃을 끄게 하느니라. 송사로 다투는 관청에서나 무섭고 두려운 전쟁터에서도
관세음보살 위신력을 생각한다면 수많은 적군들 죄다 물러가며,
미묘한 음성의 관세음보살은 하늘나라 범천의 음성이며
바다조수 같은 음성으로 어느 세상의 소리보다 뛰어난 음성이거늘,

시	고	수	상	념		염	념	물	생
是	故	須	常	念		念	念	勿	生
이 시	연고 고	모름지기 수	항상 상	생각할 념		생각할 염	생각할 념	말 물	날 생

의		관	세	음	정	성		어	고
疑		觀	世	音	淨	聖		於	苦
의심할 의		볼 관	세상 세	소리 음	깨끗할 정	성인 성		어조사 어	괴로울 고

뇌	사	액		능	위	작	의	호	
惱	死	厄		能	爲	作	依	怙	
괴로워할 뇌	죽을 사	액 액		능할 능	할 위	지을 작	의지할 의	믿을 호	

구	일	체	공	덕		자	안	시	중
具	一	切	功	德		慈	眼	視	衆
갖출 구	한 일	모두 체	공 공	덕 덕		사랑 자	눈 안	볼 시	무리 중

생		복	취	해	무	량		시	고
生		福	聚	海	無	量		是	故
날 생		복 복	모일 취	바다 해	없을 무	헤아릴 량		이 시	연고 고

그러므로 모름지기 항상 관세음보살 생각하되
한 생각 찰나도 의심하지 말지니 관세음보살은 청정한 성인으로
고뇌와 죽음의 액난 속에서도 의지처가 되리라. 일체의 공덕을 갖추고
자비한 눈길로 중생을 굽어보아 쌓인 복덕 바다처럼 한량없거늘

응	정	례		이	시		지	지	보
應	頂	禮		爾	時		持	地	菩
응당히 응	정수리 정	예도 례		그 이	때 시		가질 지	땅 지	보리 보

살		즉	종	좌	기		전	백	불
薩		卽	從	座	起		前	白	佛
보살 살		곧 즉	좇을 종	자리 좌	일어날 기		앞 전	사뢸 백	부처 불

언		세	존		약	유	중	생	
言		世	尊		若	有	衆	生	
말씀 언		세상 세	높을 존		만약 약	있을 유	무리 중	날 생	

문	시	관	세	음	보	살	품		자
聞	是	觀	世	音	菩	薩	品		自
들을 문	이 시	볼 관	세상 세	소리 음	보리 보	보살 살	가지 품		스스로 자

재	지	업		보	문	시	현		신
在	之	業		普	門	示	現		神
있을 재	어조사 지	업 업		널리 보	문 문	보일 시	나타날 현		신통할 신

그러므로 응당 머리 숙여 예배하여라."
그때 지지보살이 자리에서 일어나 부처님 앞으로 나아가 사뢰었다.
"세존이시여!
만약 어떤 중생이 〈관세음보살보문품〉의 자재한 활동과 넓은 문으로 출현하는

통	력	자		당	지	시	인		공
通	力	者		當	知	是	人		功
통할통	힘력	놈자		마땅히당	알지	이시	사람인		공공

덕	불	소		불	설	시	보	문	품
德	不	少		佛	說	是	普	門	品
덕덕	아닐불	적을소		부처불	말씀설	이시	널리보	문문	가지품

시		중	중		팔	만	사	천	중
時		衆	中		八	萬	四	千	衆
때시		무리중	가운데중		여덟팔	일만만	넉사	일천천	무리중

생		개	발	무	등	등		아	뇩
生		皆	發	無	等	等		阿	耨
날생		다개	필발	없을무	같을등	같을등		언덕아	김맬누(뇩)

다	라	삼	막	삼	보	리	심		
多	羅	三	藐	三	菩	提	心		
많을다	새그물라	석삼	아득할막(먁)	석삼	보리보	끌제(리)	마음심		

신통력에 대해 들었다면, 마땅히 그 사람의 공덕도 적지 않게 많은 줄 유념해야 되겠습니다."
부처님께서 〈관세음보살보문품〉을 설하셨을 때에,
대중 가운데 팔만사천 중생들이 모두 비할 바 없이
가장 높고 바르며 평등한 깨달음을 이루고자 마음먹었다.

관세음보살보문품

우리말 사경

관세음보살보문품

그때 무진의보살이 자리에서 일어나, 옷을 정돈하여 오른쪽 어깨를 드러내고 합장한 채 부처님을 향하여 이렇게 말씀드렸다.

"세존이시여, 관세음보살은 무슨 인연으로써 '관세음'이라 부르게 되었습니까?"

부처님께서 무진의보살에게 이르시었다.

"선남자여! 각종 고통에 시달리는 한

량없는 백천만억 중생들이 관세음보살에 대해 듣고 일심으로 그 이름을 부른다면, 관세음보살이 즉시 그 음성을 관찰하고 그들을 모두 괴로움에서 벗어나게 하느니라.

　관세음보살을 염불하는 사람은 설사 큰 불구덩이 속에 떨어지게 되었더라도 불이 태울 수 없나니, 바로 관세음보살의 위신력을 입었기 때문이니라. 혹 큰 물에 떠내려가게 되었더라도 관세음보살의 명호를 부르면 곧 얕은 물가에 닿게 되느니라. 가령 어떤 백천만억 중생들이 금·은·유리·자거·마노·산호·호박·진주 등 여러 보배들을 찾아 큰 바다로 나섰다가, 폭풍이 불어서 그만 나찰귀 나라에 표류하게 되었다고 하자. 그렇더라도 그들 중 하다못해 단 한 명만이라도 관세음보살의 이름을 부르는 이가 있다면, 그 여러 사람들이 전부 나찰의 환난에서 벗어나게 되느니라. 이런 인연으로써 '세상의 소리를 관찰하는 분', 곧 '관세음보살'이라 부르게 되었느니라.

또 어떤 사람이 금방 칼에 찔리게 된 경우라도 관세음보살 이름을 부른다면, 상대방이 잡고 있던 칼이나 막대기가 산산조각 부서져 위기를 모면하게 되느니라. 혹 삼천대천 온 세계에 가득 찬 야차와 나찰들이 사람에게 들러붙어 괴롭히려고 하더라도, 관세음보살 염불하는 소리를 들으면 악귀들이 감히 사악한 눈길로 그 사람을 쳐다보지도 못하거늘 어찌 다시 해칠 수 있겠느냐! 또 어떤 이가 수갑과 형틀·칼·자물쇠에 몸이 꽁꽁 묶였더라도, 관세음보살을 염불한다면 죄가 있든지 없든지 간에 저절로 풀어지고 끊어져서 즉시 풀려나게 되리라.

 만일 삼천대천 온 세계에 원수와 도적떼들이 가득 들끓고 있는데, 마침 한 인솔자가 여러 상인들을 데리고 값진 보배를 가득 실은 채 험한 길을 지나간다고 하자. 그 가운데 누군가 큰 소리로 일행

들에게 말하기를,

'모든 선남자들이여, 조금도 두려워하지 말라!

너희들은 마땅히 일심으로 관세음보살 이름을 염불하라! 관세음보살님께서는 능히 중생의 두려움을 없애주시나니, 너희들이 만약 관세음보살 이름을 부른다면 이 도적떼로부터 틀림없이 안전하게 벗어나리라!'

여러 상인들이 그 말을 듣고는 일제히 소리를 내어 '나무관세음보살… 관세음보살…' 염불한다면, 이렇게 관세음보살을 부른 까닭에 상인들은 무사히 도적떼로부터 구출되리라. 무진의보살이여,

관세음보살마하살의 위신력은 이렇게 어마어마하니라.

만약 어떤 중생이 음욕이 많을지라도 항상 관세음보살을 생각하고 공경한다면 곧 음욕을 여의게 되느니라. 혹 성내는 마음이 많더라도 항상 관세음보살을 생각하고 공경한다면 성내는 마음이 사라지며, 어리석은 마음이 많더라도 항상 관세음보살을 생각하고 공경한다면 어리석은 마음이 사라지느니라.

무진의보살이여!

관세음보살은 이와 같이 큰 위신력을 갖추고 크게 중생들을 이롭게 하느니라. 그러므로 중생들은 마음속으로 항상 관세음보살을 생각해야 하느니라.

만약 어떤 여인이 아들을 낳고자 관세음보살께 예배하고 공양한다면 복덕과 지혜를 겸비한 아들을 낳게 되리라. 혹 딸을 낳기 원한다면 단정하고 어여쁜 딸을 낳되, 전생에 심은 공덕이 많아서 여러 사람들의 사랑과 공경을 받게 되리라.

무진의보살이여, 관세음보살은 이와 같이 위대한 능력을 갖추었느니라. 어떤 중생이든 관세음보살을 공경하고 예배한다면 그 복이 결코 헛되지 않나니, 따라서 모든 중생들은 관세음보살을 염불해야 하느니라.

무진의보살이여!

만약 어떤 사람이 육십이억 항하의 모래알처럼 수많은 보살들의 이름을 염불하고, 게다가 목숨이 다할 때까지 음식·의복·침구·약품 등을 공양한다면 그대 생각에는 어떠한가? 그 선남자 선여인에게 얼마나 많은 공덕이 있겠느냐?"

무진의보살이 대답하였다.

"공덕이 매우 많을 것이옵니다. 세존이시여!"

부처님께서 말씀하셨다.

"그런데 또 어떤 사람이 관세음보살 이름을 염불하되 하다못해 잠깐만이라도 예배하고 공양한다면, 두 사람의 복이 똑같아서 백천만억 겁이 흘러도 결코 다하지 않으리라. 무진의보살이여, 관세음보살 이름을 늘 염불하면 이와 같이 한량없고 그지없는 복덕의 이익을 얻게 되느니라."

무진의보살이 부처님께 사뢰었다.

"세존이시여! 관세음보살은 어떤 식으로 이 사바세계를 자유로이 오가며, 중생들을 위하여 어떻게 설법합니까? 또 방편의 능력은 어느 정도입니까?"

부처님께서 무진의보살에게 이르시었다.

"선남자여! 어떤 국토의 중생이든 응당 부처님 몸으로써 제도해야 할 자에게는 관세음보살이 곧 부처님 몸으로 나타나 설법하느니라. 혹 벽지불 몸으로써 제도해야 할 자에게는 즉시 벽지불 몸으로 나타나 설법하며, 성문의 몸으로써 제도해야 할 자에게는 성문의 몸으로 나타나 설법하느니라. 또한 법천왕 몸으로써 제도해야 할 자에게는 바로 법천왕 몸으로 나타나 설법하고, 제석천왕 몸으로써 제도해야 할 자에게는 제석천왕 몸으로 나타나 설법하느니라. 아울러 자재천왕 몸으로써 제도해야 할 자에게는 얼른 자재천왕 몸으로 나타나 설법하며, 대자재천왕 몸으로써 제도해야 할 자에게는 대자재천왕 몸으로 나타나 설법하느니라. 그리고 천대장군 몸으로써 제도해야 할 자에게는 천대장군 몸으로 나타나 설법하고, 비사문천왕 몸으로써 제도해야 할 자에게는 비사문천왕 몸으로 나타나 설법하느니라.

더욱이 작은 왕의 몸으로써 제도해야 할 자에게는 즉시 작은 왕의 몸으로 나타나 설법하고, 재벌장자의 몸으로써 제도해야 할 자에게는 재벌장자의 몸으로 나타나 설법하며, 거사의 몸으로써 제도해야 할 자에게는 거사의 몸으로 나타나 설법하느니라. 그리고 재상의 몸으로써 제도해야 할 자에게는 곧 재상의 몸으로 나타나 설법하며, 바라문의 몸으로써 제도해야 할 자에게는 바라문의 몸으로 나타나 설법하느니라. 또한 비구·비구니·우바새·우바이 몸으로써 제도해야 할 자에게는 즉각 비구·비구니·우바새·우바이 몸으로 나타나 설법하느니라. 장자 부인·거사 부인·재상 부인·바라문 부인의 몸으로써 제도해야 할 자에게는 그 부인들 몸으로 나타나 설법하고, 어린 동자와 동녀의 몸으로써 제도해야 할 자에게는 당장 어린 동자와 동녀의 몸으로 나타나 설법하느니라. 뿐만 아니라 하늘천신·용·야차·건달바·아수라·가루라·긴나라·마후라가 같이 사람인 듯하면서 아닌 이들의 몸으로써 제도해야 할 자에게는 전부 그들 몸으로 나타나 설법하며, 집금강신 몸으로써 제도해야 할 자에게는 집금강신 몸으로 나타나 설법하느니라.

무진의보살이여!

관세음보살은 이와 같이 대단한 공덕을 성취하여, 갖가지 형상으로 많은 국토를 다니면서 중생들을 제도하여 해탈시키느니라. 그러므로 그대들은 응당 한결같은 마음으로 관세음보살께 공양해야 하느니라.

관세음보살마하살은 당장 두렵고 위급한 환난 속에서도 능히 두려움을 없애 주나니, 그리하여 이 사바세계에서는 모두 관세음보살을 '두려움을 없애고 평안을 주시는 분'이라 일컫느니라."

무진의보살이 부처님께 사뢰었다.

"세존이시여, 제가 지금 마땅히 관세음보살께 공양하겠나이다."

그리고 얼른 목에 걸었던 온갖 보배구슬로 된 백천 냥짜리 값비싼 영락을 끌러서 관세음보살에게 바치며 말하였다.

"어지신 분이시여! 법공양으로 드리는 이 보배영락을 받아주소서!"

당시 관세음보살이 받지 않고 사양하자, 무진의보살이 한 번 더 관세음보살에게 말하였다.

"어지신 분이시여! 저희들을 불쌍히 생각해서라도, 제발 이 영락을 받아주소서!"

그때 부처님께서 관세음보살에게 이르시었다.

"그대는 마땅히 이 무진의보살과 사부대중들 그리고 하늘천신·용·야차와 건달바·아수라·가루라·긴나라·마후라가 같이 사람인 듯하면서 아닌 이들 모두를 불쌍히 생각해서라도 그 영락을 받도록 하라!"

그러자 즉시 관세음보살은 여러 사부대중과 하늘천신·용과 그 밖의 사람인 듯하면서 아닌 이들 모두를 불쌍히 생각하여 그 영락을 받았다. 이윽고 영락을 두 몫으로 나누더니 한 몫은 석가모니 부처님께 올리고, 다른 한 몫은 다보 부처님의 탑에 공양 올렸다.
"무진의보살이여!
 관세음보살은 이와 같이 자유자재한 신통력을 갖추고, 사바세계를 자유로이 오가며 제도하느니라."
 그때 무진의보살이 게송으로 여쭈었다.

"아름답고 미묘한 상호를 구족하신 세존이시여!
 제가 지금 다시 한 번 여쭈옵건대,
 무슨 인연으로 저 부처님 제자를
 관세음이라 부르나이까?"

 미묘한 상호 구족하신 세존께옵서

게송으로 무진의보살에게 대답하시되,
"그대는 여러 곳곳마다 감응하는
관음보살의 활동에 대해 새겨들으라.

넓고 큰 서원은 바다처럼 깊나니
헤아릴 수 없도록 오랜 겁 동안
수없이 많은 천억 부처님들 섬기면서
크고 청정한 서원을 세웠느니라.

내 그대 위하여 간략히 말하건대
관음보살의 이름을 듣거나 친견하여
마음으로 오로지 생각하고 잊지 않는다면
인생의 모든 고통을 없앨 수 있느니라.

가령 누군가 해칠 마음먹고 불구덩이로

밀어

느닷없이 떨어지게 되었더라도
관세음보살 위신력을 생각한다면
불구덩이가 연못으로 변하며,

혹 큰 바다에서 표류하다가
용이나 고기·귀신들의 환난을 당해서도
관세음보살 위신력을 생각한다면
파도조차 능히 빠뜨릴 수가 없고,

게다가 수미산 봉우리에서
누군가 밀어 떨어뜨린대도
관세음보살 위신력을 생각한다면
하늘의 해처럼 둥실 떠 있게 되며,

또 악한 사람에게 쫓기어
금강산에서 굴러 떨어지게 되었더라도
관세음보살 위신력을 생각한다면
털끝 하나도 다치지 아니하리라.

흉악한 도적들과 맞닥뜨리게 되어
칼을 뽑아 무섭게 해치려 하더라도
관세음보살 위신력을 생각한다면
도적들 스스로 모두 자비심 내어 살려주고,

국법에 잘못 걸려
사형 당하게 되었더라도
관세음보살 위신력을 생각한다면
내리치는 칼이 그만 산산조각 부러질 것
이며,

행여 구속되어 큰칼을 뒤집어쓴 채
손발이 쇠고랑과 형틀에 묶이게 되었더
라도
관세음보살 위신력을 생각한다면
구속에서 저절로 시원스레 풀려나게 되고,

누군가 주문을 외워 저주하거나
온갖 독약으로 몸을 해치려 하더라도
관세음보살 위신력을 생각한다면
해악은 도리어 주문 외웠던 자에게로 가며,

포악한 나찰과 독룡 그리고
여러 귀신 따위들과 맞부딪쳐서도
관세음보살 위신력을 생각한다면
어느 것 하나 감히 덤비지 못할 뿐더러,

어쩌다 사나운 맹수들이 둘러싸고
날카로운 이빨과 발톱으로 위협하더라도
관세음보살 위신력을 생각한다면
도망치느라 죄다 꽁지 빠지게 달아나며,

살모사나 뱀·전갈의 무서운 독기가
불꽃처럼 치솟으며 위협하더라도
관세음보살 위신력을 생각한다면
염불소리 따라 제풀에 사라지고,

먹구름이 덮이자 천둥 번개 치며
우박과 큰비가 억수같이 퍼붓더라도
관세음보살 위신력을 생각한다면
삽시간에 흩어져 개이리라.

따라서 중생에게 재난이 닥쳐
한량없는 고통이 엄습하더라도
관세음보살의 탁월한 지혜 힘이
능히 세간의 고통을 구제하나니,

모든 신통력 완전히 갖추고
지혜로운 방편 널리 닦아서
모든 시방세계에
몸을 나타내지 못하는 곳이 없어,

여러 갖가지 악도들
지옥아귀 축생들의
생로병사 모든 고통들마저
점차로 다 없애주느니라.

진실하게 관하며 청정히 관하고
넓고 큰 지혜로 관할 뿐더러
가엾이 보고 인자하게 관하거니
항상 간청드리며 늘 우러러볼지니라.

티끌 한 점 없이 깨끗한 광명의
태양 같은 지혜가 어두운 미혹을 몰아내고
능히 바람과 불의 재앙까지 굴복시켜
널리 세상을 밝게 비추나니,

대비가 근본인 계행은 천둥치듯 준엄하건만
인자한 마음은 큰 구름같이 미묘하여
감로의 법비를 쏟아 부어서
번뇌의 불꽃을 끄게 하느니라.

송사로 다투는 관청에서나
무섭고 두려운 전쟁터에서도
관세음보살 위신력을 생각한다면
수많은 적군들 죄다 물러가며,

미묘한 음성의 관세음보살은
하늘나라 범천의 음성이며
바다 조수 같은 음성으로
어느 세상의 소리보다 뛰어난 음성이거늘,

그러므로 모름지기 항상 관세음보살 생각하되
한 생각 찰나도 의심하지 말지니
관세음보살은 청정한 성인으로
고뇌와 죽음의 액난 속에서도 의지처가

되리라.

일체의 공덕을 갖추고
자비한 눈길로 중생을 굽어보아
쌓인 복덕 바다처럼 한량없거늘
그러므로 응당 머리 숙여 예배하여라."

그때 지지보살이 자리에서 일어나 부처님 앞으로 나아가 사뢰었다.

"세존이시여! 만약 어떤 중생이 <관세음보살보문품>의 자재한 활동과 넓은 문으로 출현하는 신통력에 대해 들었다면, 마땅히 그 사람의 공덕도 적지 않게 많은 줄 유념해야 되겠습니다."

부처님께서 <관세음보살보문품>을 설하셨을 때에, 대중 가운데 팔만사천 중생들이 모두 비할 바 없이 가장 높고 바르며 평등한 깨달음을 이루고자 마음 먹었다.

혜조惠照 스님

공주사대 독어과 졸업 후 출가.
봉녕사 강원 졸업.
동국대학교 대학원 박사과정 수료.
대한불교조계종 총무원 문화국장 역임.
『(독송용) 우리말 법화경』, 『운명을 바꾸는 법화경 사경』(전7권), 『행복을 부르는 법화경 사경』(전7권), 『우리말 법화경 사경』(전5권), 『우리말 법화삼부경』, 『너를 위해 밝혀둔 작은 램프 하나』(시집), 『엉겅퀴 붉은 향』(시집), 「연기법에 의한 공사상과 중도론 연구」(논문) 등의 저술이 있다.

관세음보살보문품 (한문 및 우리말 사경)

초판 1쇄 발행 2011년 1월 10일 | 초판 4쇄 발행 2017년 9월 20일
옮긴이 혜조 | 펴낸이 김시열
펴낸곳 도서출판 운주사

    (02832) 서울시 성북구 동소문로 67-1 성심빌딩 3층
    전화 (02) 926-8361 | 팩스 0505-115-8361
ISBN 978-89-5746-260-7 03220   값 5,000원
http://cafe.daum.net/unjubooks (다음카페: 도서출판 운주사)